Bibliografische Information Der Deutschen Bibliothek

Die Deutsche Bibliothek verzeichnet diese Publikation in der
Deutschen Nationalbibliografie; detaillierte bibliografische Daten
sind im Internet über http://dnb.ddb.de abrufbar.

1. Auflage 2003

© 2002 Hachette Livre
Titel der Originalausgabe: »Scénario Nature, Sur les traces de la panthère«
Die Originalausgabe ist im Verlag Hachette Livre/Jeunesse, Frankreich, erschienen
© 2003 für die deutsche Ausgabe: arsEdition GmbH, München
Alle Rechte vorbehalten

Verantwortlich für die Reihe: Marc Giraud
Autor: Mymi Doinet
Fotografien: Anup and Manoj Shah
Illustrationen: Pierre de Hugo

Aus dem Französischen von Andreas Jäger
Redaktion: Heike John
Textlektorat: Eva Wagner
Umschlaggestaltung: Oliver Grieshammer
Produktion: Detlef Schuller

ISBN 3-7607-4791-4

www.arsedition.de

Auf den Spuren des kleinen Leoparden

Mymi Doinet
Fotografien von Anup und Manoj Shah
Illustrationen von Pierre de Hugo

Wenn die Sonne langsam am Horizont versinkt und der sanfte Abendwind die Luft abkühlt, lässt die Leopardin den Blick über ihr weites Revier schweifen. Für sie ist jetzt nicht Schlafenszeit ...

Die Löwen streifen umher auf der Suche nach frischem Fleisch! Bei der geringsten Gefahr sucht die Leopardenmutter ein neues Versteck. Schnell bringt sie ihre Kleinen vor den Räubern in Sicherheit! Wie die Hauskatze, die ihre Jungen im Maul trägt, packt sie ihre Neugeborenen am Genick ... ohne ihnen auch nur im Geringsten wehzutun!

Alle zwei Jahre bringt die Leopardenmutter ein bis sechs Junge zur Welt. Sieh dir mal den kleinen Schlingel hier an. Er kann schon laufen, ohne zu stolpern! Nach einem Monat wird er sein Gewicht verdoppelt haben. – wenn er immer ordentlich bei seiner Mama trinkt, wiegt der Vielfraß dann mehr als ein Kilo!

Kein Waschlappen und kein Kamm – und trotzdem sauber und gepflegt! Mit ihrer Zunge, die rau wie Sandpapier ist, leckt die Leopardenmutter ihrem Kleinen das Fell. Im Speichel der Raubkatze ist Vitamin D enthalten, genau wie bei der Hauskatze. Das ist sehr gut für das Wachstum der Jungen.

Pst! Die kleinen Leoparden halten brav ihren Mittagsschlaf. Ihre Mutter nutzt die Zeit, um sich auf leisen Sohlen aus der Höhle zu schleichen. Anders als die Löwinnen, die ihre Beute im Rudel verfolgen, jagt die Leopardin allein. Vollkommen reglos lauert sie im Gebüsch und lässt den Blick über den Horizont schweifen. Plötzlich schießt sie aus ihrem Versteck hervor wie ein Rennpferd aus der Startbox – mit 60 km/h rast sie auf ihre Beute zu!

Na, die hat aber Appetit! Die Leopardin stürzt sich auf eine Gazelle und senkt ihr die Reißzähne tief in die Kehle. Dann schleppt die hungrige Jägerin ihre Beute auf einen Baum. Fünf Meter über der Erde und versteckt im dichten Laubwerk – in dieser »Speisekammer« ist die Mahlzeit sicher vor anderen Raubtieren ... Aber nicht vor ausgehungerten Geiern, die von oben kommen!

Inzwischen ist eines der Jungen aufgewacht. Gleich lässt es ein ängstliches Miauen hören: Wo ist nur seine Mama? Keine Panik – da kommt sie ja schon mit vollem Bauch angetappt. Das Kleine stellt sich auf die Hinterpfoten und begrüßt sie stürmisch. Und da fängt die Mama an zu schnurren wie ein dicker, fetter Kater!

Die Leopardenkinder sind jetzt zwei Monate alt. Endlich dürfen sie ihre Höhle verlassen. Toll, wenn man so einen riesigen Spielplatz hat! Und man muss auch kein Riese sein, um die ganze Savanne auf einmal zu überblicken – hier oben im Baum hat man eine herrliche Aussicht! Plötzlich entdeckt eines der Jungen zwischen den Felsen ein neues »Spielzeug«: eine Schildkröte, die sich in ihren Panzer verkrochen hat.

Die Leoparden sitzen oft stundenlang auf einem Ast im Baum. Um zu zeigen, dass ein Baum zu ihrem Revier gehört, besprühen sie den Stamm mit ihrem Urin. Dann ritzen sie die Rinde mit ihren Klauen ein, als wollten sie dem Baum ein Tattoo verpassen! In der sengenden Hitze des Tages halten die Raubkatzen Siesta im Schatten des Laubdachs. Und hier oben sind ihre Jungen auch sicher vor Hyänen.

Mit drei Monaten ist das Leopardenmädchen zu alt, um noch bei seiner Mama zu trinken. Jetzt ist es Zeit, das Jagen zu lernen! Am Abend bricht sie zusammen mit ihrer Mutter auf und macht ihr alles ganz genau nach. Heute Nacht kann die Leopardenmama stolz auf ihre kleine Schülerin sein: Ganz allein, wie eine große Raubkatze, hat sie ihren ersten Hasen erlegt!

Wer ist die Mutter, wer die Tochter? Mit 18 Monaten wiegt das junge Tier bereits 50 Kilo und ist so stark wie seine Mama! Schon mit knapp drei Jahren wird die junge Leopardin viele Verehrer haben. Aber jetzt aufgepasst, die Balgerei geht los – und es wird nicht ohne Kratzer abgehen!

Was für eine Spitzensportlerin! Von ihrem luftigen Hochsitz springt die Leopardin unerschrocken in die Tiefe – und das ohne Fallschirm. Und im vollen Lauf kann sie bis zu drei Meter hoch springen und Sätze von sechs Meter Länge machen!

Die ersten Strahlen der aufgehenden Sonne erhellen die Savanne. Jetzt ist es Zeit, sich schlafen zu legen. In dieser Nacht hat die Leopardin auf der Suche nach Nahrung 15 km zurückgelegt. Bevor sie sich auf dem Ast ausstreckt, der ihr als Bett dient, brüllt sie noch einmal laut – als ob sie »Gute Nacht« sagen wollte.